www.editions-mango.com

Faïza Mebazaa

# Craquez pour les crevettes !

## Grises, bouquets, gambas… de la plus petite à la plus grosse

Photos : Alain Caste

MANGO

# Sommaire

# Les crevettes

De la plus mignonne à la plus imposante, les crevettes barbotent dans toutes les mers et océans du globe. Crues, cuites, vivantes, surgelées, comment s'y retrouver ? Pas de panique, le plus important est de savoir si elles viennent du froid ou des tropiques.

## Crevettes des mers froides ou tempérées : trois espèces principales

/ La crevette

Très commune, c'est l'amie de l'apéritif. Vous la trouverez cuite tout au long de l'année et plus rarement crue.

/ La crevette nordique ou crevette du Groenland, est pêchée au chalut et aussitôt cuite, pour être commercialisée fraîche ou surgelée.

/ Le bouquet

Merveille de finesse, le bouquet s'achète de préférence vivant et sera cuit très brièvement, en toute simplicité.

## Crevettes de l'hémisphère sud : des espèces très peu différenciées

La différence vient du mode de production et du calibre. Lorsqu'elles sont de grande taille, elles sont appelées gambas. De très gros calibre, elles sont qualifiées de royales.

/ Les crevettes d'élevage, qui représentent une grande partie des ventes de crevettes tropicales, proviennent d'Asie et d'Amérique du Sud. Leur qualité varie considérablement selon le mode d'élevage : intensif ou extensif.

La crevette de Madagascar fait aujourd'hui l'objet d'un label.

/ **Les crevettes tropicales sauvages** sont pêchées dans l'océan Indien. Généralement de gros calibre, elles sont remarquables par leur texture et leur saveur.

Et sachez que la crevette est une véritable mine de bienfaits : protéines, vitamines, zinc, cuivre. En outre, elle est très peu calorique. Alors à vos poêles, woks et autres casseroles : la crevette se prêtera à toutes vos fantaisies !

Faïza Mebazaa

6

# Feuilletés de crevettes au curcuma

**Préparation**
20 minutes

**Cuisson**
45 minutes

**Ingrédients pour 4 personnes**

300 g de crevettes tropicales moyennes crues
12 feuilles de brick
1 pomme de terre de 180 g environ
½ courgette
70 g d'emmental râpé
1 œuf battu en omelette
1 petit citron confit
1 oignon grossièrement haché
1 gousse d'ail écrasée
1 cuillerée à soupe de câpres
1 cuillerée à café de curcuma
1 petit bouquet de persil plat ciselé
1 feuille de laurier
Huile d'olive
Sel et poivre du moulin

/ Décortiquez les crevettes et retirez le boyau. Réservez têtes et carapaces (parures).
/ Épluchez la pomme de terre et la courgette, puis coupez-les en petits dés.
/ Dans une poêle, faites revenir les parures des crevettes avec 1 cuillerée à soupe d'huile d'olive 3 minutes à feu moyen. Concassez grossièrement les têtes. Ajoutez 3 cuillerées à soupe d'eau et remuez quelques secondes. Retirez les parures.
/ Ajoutez 1 cuillerée à soupe d'huile d'olive, l'oignon et la pomme de terre, puis mélangez le tout 2 minutes à feu moyen. Ajoutez 15 cl d'eau, le laurier, l'ail et le curcuma, salez et laissez cuire à petits bouillons 5 minutes à feu doux.
/ Incorporez la courgette, couvrez et poursuivez la cuisson 15 minutes à feu doux. en remuant. Ajoutez les crevettes coupées en cinq et faites cuire encore 2 minutes.
/ Mélangez l'œuf, le persil, l'emmental, les câpres et le citron confit coupé en petits morceaux. Incorporez ce mélange à la préparation précédente refroidie et poivrez.
/ Préchauffez le four à 200 °C (th. 6-7).
/ Garnissez les feuilles de brick de farce et formez 12 cigares. Alignez-les dans un plat à four huilé et badigeonnez-les d'huile.
/ Faites dorer 15 minutes au four.

**Bon à savoir !**
*Vous pouvez remplacer les câpres par des olives vertes (achetées au rayon traiteur ou au marché) coupées en morceaux.*

8

# Acras de crevettes au piment antillais

**Préparation**
35 minutes + 1 nuit de dessalage

**Cuisson**
25 minutes

**Ingrédients pour 4 personnes**
150 g de crevettes tropicales crues décortiquées
150 g de chair de morue séchée effilochée
1 œuf entier + 1 blanc
½ piment antillais
2 gousses d'ail
5 tiges de ciboule ou 3 oignons nouveaux avec le vert
10 brins de coriandre
2 branches de thym
200 g de farine
1 sachet de levure chimique
Le jus de ½ citron vert
Sel et poivre du moulin
Huile de friture

/ La veille, faites dessaler la morue effilochée dans de l'eau.
/ Le jour même, égouttez la morue et faites-la cuire dans une casserole d'eau 20 minutes à petits bouillons. Laissez-la tiédir et émiettez-la.
/ Incisez les crevettes le long du dos pour retirer le boyau et hachez la chair au couteau. Mélangez-la à la morue.
/ Dans un saladier, mélangez la farine, la levure et ½ cuillerée à café de sel. Incorporez l'œuf entier battu en omelette, puis versez 12 cl d'eau en mince filet tout en battant. Lorsque la pâte est bien homogène, laissez-la reposer.
/ Hachez finement la ciboule. Lavez et ciselez la coriandre. Effeuillez le thym. Épépinez et hachez finement le piment. Pelez, dégermez et écrasez l'ail. Mélangez tous ces ingrédients au hachis de crevettes et de morue. Ajoutez le jus de citron, ½ cuillerée à café de sel et poivrez.
/ Montez le blanc d'œuf en neige ferme et incorporez-le à la pâte.
/ Réunissez les deux préparations et mélangez bien.
/ Faites chauffer l'huile de friture. Lorsqu'elle est bouillante, faites glisser la pâte par petits paquets.
/ Sortez les acras avec une écumoire au fur et à mesure dès qu'ils sont dorés et égouttez-les. Servez aussitôt.

**Bon à savoir !**
*Si vous utilisez un morceau de morue, prévoyez une quantité plus importante, car vous devrez retirer la peau et les arêtes après cuisson.*

10

# Mini-brochettes de crevettes à la citronnelle

**Préparation**
35 minutes

**Cuisson**
8 minutes

**Ingrédients pour 12 brochettes**

200 g de crevettes tropicales crues décortiquées
150 g d'échine de porc maigre
1 gousse d'ail
12 bâtonnets de citronnelle de 10 cm + 1 bâton entier
1 petit piment rouge frais
1 cuillerée à café de gingembre frais râpé
10 brins de coriandre
5 feuilles de menthe
Huile végétale
¼ de cuillerée à café de sel
Poivre du moulin

/ Préchauffez le four à 190 °C (th. 6-7).

/ Lavez et ciselez la coriandre et la menthe. Pelez, dégermez et écrasez l'ail. Épépinez et hachez finement le piment. Retirez les feuilles extérieures du bâton de citronnelle et hachez finement la partie tendre.

/ Hachez le porc et les crevettes. Mélangez-les avec les ingrédients ci-dessus en malaxant. Ajoutez le gingembre, salez et poivrez cette farce.

/ Formez 12 boulettes de farce. Plantez 1 bâtonnet de citronnelle dans chacune. Après avoir humecté très légèrement vos mains, façonnez la farce autour de chaque bâtonnet pour obtenir une forme oblongue.

/ Badigeonnez les brochettes d'huile à l'aide d'un pinceau et alignez-les dans un plat allant au four recouvert de papier sulfurisé.

/ Enfournez et laissez cuire 8 à 10 minutes en retournant les brochettes à mi-cuisson : elles doivent être bien dorées.

/ Servez ces mini-brochettes nature car elles sont très parfumées.

**Bon à savoir !**
*Pour faciliter le hachage, coupez la viande en morceaux et placez-la au congélateur pendant 1 heure afin de la raffermir. Vous pouvez également accompagner ces mini-brochettes d'une sauce au piment et au gingembre (en épiceries asiatiques).*

# Gambas farcies aux fruits secs

Préparation
30 minutes

Cuisson
10 minutes

Ingrédients pour 4 personnes
12 belles gambas crues
30 g de poitrine fumée maigre
40 g de noix de cajou nature ou peu salées
4 dattes
2 pruneaux
6 feuilles de brick
¼ de cuillerée à café de quatre-épices
40 g de crème fraîche épaisse
30 g de beurre fondu
1 pincée de poivre concassé

/ Dénoyautez les dattes et les pruneaux. Hachez-les ainsi que les noix de cajou.
/ Coupez la poitrine fumée en dés minuscules. Dans un bol, mélangez-les aux fruits secs. Ajoutez la crème fraîche, le poivre et le quatre-épices, puis mélangez.
/ Décortiquez les gambas en conservant la queue. Fendez-les sur toute la longueur de l'abdomen sans percer la chair du dos. Pratiquez des incisions transversalement, toujours côté abdomen, pour éviter que les crevettes se recroquevillent lors de la cuisson. Ouvrez largement les crevettes et recouvrez-les de farce aux fruits secs en tassant légèrement.
/ Préchauffez le four à 190 °C (th. 6-7).
/ Coupez les feuilles de brick en bandes de 3 cm de large. Emmaillotez une crevette garnie dans 3 bandes de pâte. Procédez de même pour les autres gambas.
/ Alignez les gambas farcies dans un plat allant au four recouvert de papier sulfurisé et badigeonnez-les de beurre fondu. Enfournez et laissez cuire 10 minutes.
/ Laissez tiédir quelques minutes avant de servir.

**Bon à savoir !**
*Vous pouvez également réaliser cette recette avec de fines bandes de pâte feuilletée.*

# Mini-vol-au-vent aux crevettes et aux anchois

Préparation
45 minutes

Cuisson
10 minutes

Ingrédients pour 4 personnes
100 g de crevettes crues décortiquées
16 mini-vol-au-vent à garnir
6 filets d'anchois à l'huile
1 gros champignon de Paris
1 petit oignon
1 gousse d'ail
10 brins de ciboulette
2 cuillerées à soupe de farine
3 cuillerée à soupe de vin blanc (5 cl)
15 cl de lait
25 g de beurre
Piment d'Espelette
Poivre du moulin

/ Épluchez et émincez l'oignon. Nettoyez et hachez grossièrement le champignon. Faites suer l'oignon dans le beurre 4 à 5 minutes à feu doux, puis le champignon pendant 1 minute en remuant.

/ Ajoutez les filets d'anchois coupés en petits morceaux et l'ail écrasé, puis faites revenir 2 minutes.

/ Versez la farine, mélangez, puis mouillez avec le vin blanc et le lait. Poivrez et ajoutez un peu de piment. Laissez épaissir la sauce quelques minutes en remuant régulièrement.

/ Incorporez les crevettes coupées en morceaux et laissez cuire encore 2 minutes. Retirez du feu et ajoutez la ciboulette ciselée en réservant quelques brins.

/ Faites réchauffer les vol-au-vent quelques minutes au four.

/ Garnissez les vol-au-vent de sauce aux crevettes et aux anchois. Remettez les chapeaux de pâte et ajoutez 2 brins de ciboulette.

**Bon à savoir !**
*N'hésitez pas à confectionner vous-même les vol-au-vent en utilisant une pâte feuilletée de très bonne qualité : le résultat n'en sera que meilleur !*

# Crevettes marinées au citron vert

Préparation
15 minutes + 1 heure de marinade

Cuisson
4 minutes

Ingrédients pour 4 personnes
20 crevettes tropicales crues
3 tiges de ciboule ou 2 oignons nouveaux avec le vert
1 gousse d'ail
¼ de cuillerée à café de gingembre en poudre
1 petit bouquet de coriandre fraîche
Le jus de 1 citron vert
3 cuillerées à soupe d'huile d'olive
Sel et poivre du moulin

/ Faites cuire les crevettes à la vapeur pendant 4 minutes. Laissez-les refroidir, puis décortiquez-les en conservant la queue.
/ Lavez et ciselez finement la coriandre. Hachez la ciboule. Pelez, dégermez et écrasez l'ail.
/ Dans un saladier, mélangez l'huile et le jus de citron vert. Salez, poivrez, ajoutez l'ail, le gingembre, la coriandre et la ciboule.
/ Déposez les crevettes dans cette marinade en mélangeant bien. Réservez au frais pendant au moins 1 heure.
/ Égouttez les crevettes et servez-les en verrines ou en brochettes.

**Bon à savoir !**
*Pour vos crevettes nature, pensez également à la cuisson vapeur, très respectueuse de la texture de leur chair.*

# Beurre de crevettes grises au cumin

Préparation
15 minutes

Sans cuisson

Ingrédients pour 4 personnes
(300 g de beurre de crevettes)
200 g de crevettes grises cuites
1 gousse d'ail
½ cuillerée à café de cumin en poudre
Quelques tranches de pain de campagne grillées
100 g de beurre ramolli
Poivre du moulin

/ Mixez très finement les crevettes entières jusqu'à l'obtention d'une pâte. Vous pouvez achever de lisser la pâte obtenue avec un mixeur plongeant.
/ Pelez, dégermez et écrasez l'ail.
/ Incorporez le beurre ramolli à la pâte de crevettes. Ajoutez l'ail et le cumin. Poivrez généreusement.
/ Mélangez bien et transférez dans un joli récipient. Réservez au frais jusqu'au moment de servir.
/ Proposez ce beurre de crevettes à l'apéritif avec les tranches de pain de campagne grillées.

**Bon à savoir !**
*Vous pouvez réaliser des petits canapés raffinés en déposant une spirale de beurre de crevettes sur des rondelles de concombre à l'aide d'une poche munie d'une douille cannelée. Décorez d'un brin de ciboulette ou d'une pincée de piment doux.*

20

# Tartines de crevettes grises au vieux comté

Préparation
15 minutes

Sans cuisson

Ingrédients pour 4 personnes
400 g de crevettes grises cuites
150 g de vieux comté
Quelques brins de ciboulette ciselés
1 baguette de campagne
Poivre du moulin

/ Décortiquez les crevettes.
/ Coupez le fromage en fines lamelles à l'aide d'une raclette ou d'un économe.
/ Coupez la baguette en 4 tartines.
/ Recouvrez généreusement les tartines de lamelles de comté.
/ Ajoutez une couche de crevettes grises, poivrez et parsemez de ciboulette.
/ Dégustez.

**Bon à savoir !**
*Vous pouvez également faire fondre le fromage sur les tartines avant de la garnir de crevettes.*

# Salade de crevettes au melon et à la menthe

**Préparation**
20 minutes

**Cuisson**
4 minutes

**Ingrédients pour 4 personnes**
20 crevettes de Madagascar crues
1 melon
20 radis
1 oignon rouge
1 tige de citronnelle
25 feuilles de menthe

Pour la sauce :
1 petit piment rouge frais épépiné haché
1 cuillerée à café de gingembre frais râpé
3 cuillerées à soupe de jus de citron vert
1 cuillerée à café de sauce soja
2 cuillerées à soupe d'huile d'olive
Un peu de sel
Poivre du moulin

/ Retirez les feuilles extérieures de la citronnelle et coupez la partie tendre en tronçons.
/ Dans une casserole d'eau bouillante, plongez les tronçons de citronnelle. Ajoutez les crevettes et laissez cuire 4 minutes à petits bouillons. Égouttez les crevettes, laissez-les refroidir et décortiquez-les.
/ Dans un saladier, mélangez tous les ingrédients de la sauce. Faites mariner les crevettes dans cette sauce.
/ Épluchez l'oignon et coupez-le en fines rondelles. Lavez les radis et coupez-les en dés minuscules. Ciselez la menthe. Taillez le melon en petits cubes ou en billes. Incorporez tous ces ingrédients dans la sauce aux crevettes.
/ Servez la salade de crevettes dans des coupes transparentes.

**Bon à savoir !**
*Vous pouvez faire mariner les crevettes dans la sauce à l'avance, mais il est préférable de couper les autres ingrédients au dernier moment pour éviter que leur goût et leur texture s'altèrent.*

# Mini-rouleaux de printemps ananas-crevette

Préparation
35 minutes

Sans cuisson

Ingrédients pour 12 rouleaux

12 crevettes nordiques cuites décortiquées
12 galettes de riz de 16 cm de diamètre
50 g de vermicelles de soja
½ petit ananas Victoria
1 petite carotte
1 petit concombre
100 g de pousses de soja
24 pousses d'épinards
¼ de bouquet de coriandre
24 feuilles de menthe

Pour la sauce :

1 cuillerée à café de gingembre frais râpé
1 petit piment rouge frais finement haché
2 cuillerées à café de coriandre ciselée
1 cuillerée à soupe de jus de citron vert
1 gousse d'ail écrasée
1 cuillerée à soupe de sauce soja
1 cuillerée à soupe de sauce de poisson thaïe
1 cuillerée à café d'huile de sésame

Apéro/**Entrée**/Plat

/ Coupez les crevettes en deux dans la longueur, ôtez le boyau et réservez-les au frais.

/ Épluchez l'ananas et coupez 12 fines lamelles de 7 cm. Taillez le reste en petits dés et faites-les cuire dans 7 cl d'eau 10 minutes à feu vif. Mixez-les finement.

/ Dans un bol, mélangez tous les ingrédients de la sauce. Ajoutez la purée d'ananas et 3 cuillerées à soupe d'eau (5 cl). Réservez au frais.

/ Faites ramollir les vermicelles dans de l'eau très chaude 15 minutes. Égouttez-les et coupez-les par paquets de 7 cm.

/ Coupez la carotte et le concombre épluchés en fins bâtonnets de 7 cm.

/ Faites ramollir 1 galette de riz dans de l'eau chaude, égouttez-la à plat sur un linge et posez-la sur une assiette. Déposez au centre 2 demi-crevettes en quinconce. Superposez ensuite 2 pousses d'épinards, quelques vermicelles, 1 bâtonnet de carotte et de concombre, quelques pousses de soja, 2 feuilles de menthe, 1 lamelle d'ananas et quelques feuilles de coriandre. Rabattez la galette aux deux extrémités, puis sur un côté et enroulez l'ensemble en faisant adhérer la pâte. Procédez ainsi pour les autres rouleaux.

/ Servez les mini-rouleaux de printemps accompagnés de la sauce.

**Bon à savoir !**
*Cette recette sera encore plus savoureuse si vous faites préalablement mariner les crevettes coupées dans un mélange de sauce soja, de jus de citron vert, d'ail et de gingembre.*

# Ravioles de crevettes

Préparation
20 minutes

Cuisson
45 minutes

Ingrédients pour 4 personnes
12 crevettes tropicales crues
40 feuilles de pâte à raviolis chinois
500 g de tomates mondées coupées en petits dés
1 bulbe de fenouil coupé en dés
2 échalotes émincées
2 gousses d'ail hachées
10 g de gingembre haché
1 cuillerée à café de paprika
1 bouquet de cerfeuil haché + quelques brins
1 bouquet de ciboulette haché
30 cl de fumet de poisson
2 cuillerées à soupe de cognac
1 cuillerée à soupe de concentré de tomates
2 cuillerées à soupe de crème fraîche épaisse
30 cl de crème liquide
3 cuillerées à soupe d'huile d'olive
Sel et poivre du moulin

Apéro/**Entrée**/Plat

/ Décortiquez les crevettes en réservant les têtes et les carapaces (les parures). Retirez le boyau dorsal. Coupez les crevettes en cinq et réservez-les au frais.

/ Faites colorer les parures dans 1 cuillerée à soupe d'huile 5 minutes à feu vif, puis concassez-les. Ajoutez les échalotes, l'ail, le gingembre, le cognac, le concentré de tomates, les brins de cerfeuil et le paprika. Mouillez avec le fumet et 60 cl d'eau chaude, puis portez à ébullition. Salez, couvrez et laissez mijoter 20 minutes.

/ Filtrez le bouillon, ajoutez la crème liquide et faites encore mijoter 10 minutes. Réservez au chaud.

/ Faites suer les dés de fenouil dans 1 cuillerée à soupe d'huile 10 minutes à feu doux. Hors du feu, ajoutez les herbes, la crème fraîche et les tomates, poivrez, puis mélangez le tout.

/ Au centre d'une feuille de pâte, déposez un petit tas de cette farce et 3 morceaux de crevette. Humectez le pourtour, recouvrez d'une deuxième feuille, puis découpez à l'emporte-pièce. Confectionnez ainsi les autres ravioles.

/ Faites cuire les ravioles 3 minutes dans l'eau frémissante salée additionnée du reste d'huile.

/ Disposez 5 ravioles dans chaque assiette et recouvrez de bouillon. Servez aussitôt.

**Bon à savoir !**
*Vous pouvez vous avancer en préparant le bouillon la veille. Dans ce cas, ajoutez la crème fleurette le jour même, avant de faire mijoter 10 minutes.*

# Tartare de crevettes céleri-pomme verte

Préparation
20 minutes + 2 heures de repos et de marinade

Cuisson
2 minutes

Ingrédients pour 4 personnes
350 g de crevettes de Madagascar crues décortiquées
1 pomme verte
1 petite tige de céleri très tendre avec ses feuilles
1 petit avocat
½ oignon rouge
½ bouquet de ciboulette
Quelques pluches d'aneth et de cerfeuil
4 cuillerées à soupe de jus de citron
4 cuillerées à soupe d'huile d'olive
1 cuillerée à soupe de sauce soja
15 gouttes de Tabasco®
Sel et poivre du moulin

/ Faites cuire les crevettes 2 minutes à la vapeur dans un panier en bambou placé au-dessus d'une casserole d'eau frémissante ou dans un cuit-vapeur. Éteignez le feu, retournez les crevettes, couvrez et laissez-les cuire encore 1 minute sur la vapeur résiduelle. Laissez-les refroidir à température ambiante et réservez-les au réfrigérateur 1 heure environ.
/ Hachez grossièrement les crevettes au couteau.
/ Dans un bol, mélangez l'huile, le jus de citron et la sauce soja. Salez légèrement et poivrez. Faites mariner les crevettes hachées dans cette sauce pendant 1 heure au réfrigérateur.
/ Lavez et ciselez les herbes. Hachez les feuilles de céleri et coupez la tige en très petits dés. Hachez finement l'oignon. Pelez la pomme et l'avocat et coupez-les en tout petits cubes.
/ Mélangez tous ces ingrédients avec les crevettes marinées et ajoutez le Tabasco®.
/ À l'aide d'un cercle, dressez un tartare dans chaque assiette. Servez aussitôt.

**Bon à savoir !**
*Servez ce tartare avec la garniture de votre choix : mesclun, tomates cerises, fines herbes… Pour ce « vrai-faux » tartare, la légère cuisson a pour but de donner aux crevettes une couleur attrayante, mais elle n'est pas indispensable.*

# Soupe de crevettes à la citronnelle

Préparation
25 minutes

Cuisson
25 minutes

Ingrédients pour 4 personnes
16 crevettes tropicales crues
1 cou ou 1 aile de poulet sans peau
1 petit piment rouge frais
25 g de gingembre frais
40 g de racine de galanga
1 combava ou 4 feuilles de lime de Cafre
3 tiges de citronnelle
2 tiges de ciboule ou 1 oignon nouveau avec le vert
1 cuillerée à soupe de sauce de poisson thaïe (ou de nuoc-mam)
3 cuillerées à soupe de jus de citron vert
Quelques brins de coriandre
Sel

/ Supprimez les feuilles extérieures de la citronnelle et coupez la partie tendre en rondelles. Prélevez le zeste du combava. Pelez et coupez en fines lamelles le gingembre et le galanga.

/ Décortiquez les crevettes en conservant la queue et sans jeter les têtes ni les carapaces (les parures). Retirez le boyau dorsal. Mettez les parures dans une casserole avec le poulet, la citronnelle, le zeste du combava, le gingembre et le galanga. Versez 1,3 litre d'eau et portez à ébullition. Salez, couvrez et laissez cuire 20 minutes à petits bouillons.

/ Épépinez le piment et coupez-le en fines rondelles. Émincez la ciboule.

/ Passez le bouillon au chinois en pressant bien les têtes de crevettes. Reversez le bouillon dans la casserole et portez à nouveau à ébullition. Ajoutez la sauce de poisson, le piment et les crevettes. Laissez cuire 3 minutes à petits bouillons. Ajoutez la ciboule et continuez la cuisson 1 minute. Éteignez le feu et versez le jus de citron vert.

/ Répartissez les crevettes dans les bols. Recouvrez-les de bouillon parfumé et parsemez de feuilles de coriandre. Servez aussitôt.

**Bon à savoir !**
*Pour une préparation plus consistante, ajoutez à la fin quelques vermicelles de riz préalablement ébouillantés.*

# Crevettes pimentées à l'émulsion de mangue

Préparation
30 minutes

Cuisson
3 minutes

Ingrédients pour 4 personnes
16 crevettes tropicales moyennes crues
2 mangues bien mûres
1 petit piment rouge frais
Le jus de 1 citron vert
10 g de graines de sésame doré
100 g de sucre semoule
2 cuillerées à soupe d'huile végétale
Sel et poivre du moulin

/ Préparez le caramel au sésame : dans une petite casserole, faites fondre le sucre à sec sur feu moyen, cuillère après cuillère, de façon à réaliser un caramel blond. À l'aide d'une petite louche, versez un peu de caramel liquide sur une plaque recouverte de papier sulfurisé et étalez immédiatement pour obtenir une forme aléatoire très fine. Renouvelez l'opération en saupoudrant aussitôt de graines de sésame. Laissez refroidir.

/ Préparez l'émulsion de mangue : épépinez le piment et hachez-le finement. Pelez les mangues et coupez-les en morceaux. Mixez-les avec le jus de citron vert, la moitié du piment et ½ cuillerée à café de sel jusqu'à l'obtention d'un coulis.

/ Décortiquez les crevettes en conservant la queue. Retirez le boyau dorsal. Faites chauffer l'huile dans une poêle et saisissez les crevettes 3 minutes à feu vif avec le reste de piment. Salez et poivrez.

/ Servez les crevettes avec l'émulsion de mangue et le caramel au sésame.

**Bon à savoir !**
*Au Mexique, on sert au coin des rues des morceaux de mangue avec du sel et du piment. Essayez cette association avec d'autres fruits exotiques (ananas, papaye...) : leur saveur s'en trouvera exaltée.*

# Bouchées vapeur aux crevettes

Préparation
30 minutes

Cuisson
20 minutes

Ingrédients pour 4 personnes
(28 bouchées)
200 g de crevettes tropicales crues décortiquées
150 g de viande de porc maigre hachée
28 feuilles de pâte à raviolis chinois
1 blanc d'œuf
2 cuillerées à café de gingembre frais râpé
1 petit piment rouge
4 tiges de ciboule
1 gousse d'ail
1 tige de citronnelle
20 brins de coriandre
5 feuilles de menthe
2 cuillerées à soupe de sauce soja
1 cuillerée à café de sauce de poisson thaï (ou de nuoc-mam)
1 cuillerée à café d'huile de sésame
1 cuillerée à café de sucre semoule
Poivre du moulin
Huile végétale

Apéro/**Entrée**/Plat

/ Coupez les crevettes en deux dans l'épaisseur, ôtez le boyau dorsal et hachez la chair au couteau. Mélangez-la à la viande hachée.

/ Retirez les feuilles extérieures de la citronnelle et hachez finement la partie tendre.

/ Lavez et ciselez la coriandre et la menthe. Hachez la ciboule. Épépinez et hachez le piment. Pelez, dégermez et écrasez l'ail.

/ Dans un saladier, mélangez les sauces soja et de poisson, l'huile de sésame, le blanc d'œuf battu, le sucre, l'ail, le gingembre, la citronnelle et le piment. Ajoutez les herbes, la ciboule et poivrez. Incorporez cette sauce au hachis de crevettes et de viande.

/ Déposez 1 cuillerée à soupe de farce au centre de chaque carré de pâte. Humectez le pourtour de la feuille, relevez les coins et fermez en formant une aumônière.

/ Disposez les bouchées dans deux grands paniers vapeur en bambou huilés. Placez-les au-dessus d'une casserole remplie à moitié d'eau frémissante et laissez cuire 20 minutes en intervertissant les paniers au bout de 10 minutes. Servez.

**Bon à savoir !**
*Vous pouvez préparer ces bouchées à l'avance (mais pas la veille). Réchauffez-les alors dans leur panier vapeur. Servez les bouchées avec une sauce piquante au piment et au gingembre (en épiceries asiatiques).*

# Cocktail de crevettes aux molossols

**Préparation**
20 minutes

**Sans cuisson**

**Ingrédients pour 4 personnes**
16 crevettes de Madagascar cuites décortiquées
100 g de mini-crevettes roses cuites décortiquées
2 cornichons molossols (80 g)
1 cœur de scarole
15 cl de crème liquide très froide
100 g de mayonnaise
20 g de ketchup
10 gouttes de Tabasco®
2 cuillerées à café de cognac
Poivre du moulin

/ Lavez et essorez le cœur de scarole. Coupez les feuilles en lanières.
/ Hachez les molossols au couteau.
/ Fouettez la crème liquide dans un bol très froid.
/ Dans un saladier, mélangez la mayonnaise, le ketchup, le Tabasco® et le cognac. Poivrez. Ajoutez les molossols et les mini-crevettes. Incorporez délicatement 6 grosses cuillerées à soupe de crème fouettée.
/ Dans de jolies coupes, placez quelques lanières de scarole, puis répartissez la crème aux crevettes et aux molossols. Disposez les grosses crevettes sur le dessus. Servez bien frais.

**Bon à savoir !**
*On prévoit plus de crème fleurette que nécessaire, car il est difficile d'en faire monter une petite quantité. Sucrez et vanillez légèrement la crème fouettée restante pour terminer le repas avec des fruits rouges à la chantilly ou un café viennois.*

# Bouquet breton et salicorne aigre-douce

Préparation
15 minutes

Cuisson
10 minutes

Ingrédients pour 4 personnes
600 g de bouquet breton cru
(si possible vivant)
600 g de salicorne fraîche
2 cm de gingembre frais
1 petite gousse d'ail
2 cuillerées à soupe de vinaigre
de cidre
2 cuillerées à soupe de sucre
de canne blond
1 cuillerée à soupe d'huile d'olive
+ un peu pour la poêle
Fleur de sel

/ Pelez le gingembre et coupez-le en fins bâtonnets. Pelez, dégermez et émincez l'ail.

/ Rincez la salicorne plusieurs fois à grande eau. Faites-la cuire dans une casserole d'eau bouillante 5 minutes environ : elle doit rester croquante. Égouttez-la et plongez-la aussitôt dans un récipient d'eau glacée. Égouttez à nouveau.

/ Dans une petite casserole, faites chauffer à feu doux le vinaigre et le sucre. Lorsque celui-ci est dissous, ajoutez le gingembre et l'ail, puis laissez bouillir 5 minutes jusqu'à l'obtention d'une consistance sirupeuse. Versez cette sauce dans un petit bol et mélangez avec l'huile d'olive.

/ Assaisonnez la salicorne avec cette vinaigrette aigre-douce.

/ Saisissez rapidement le bouquet breton dans une poêle chaude huilée ou un wok. Dès qu'il est coloré, retirez du feu et saupoudrez de fleur de sel.

/ Servez aussitôt avec la salade de salicorne aigre-douce.

**Bon à savoir !**
*La salicorne est une plante qui pousse sur les terrains salés des littoraux. Vous la trouverez fraîche de juillet à fin septembre sur les étals des poissonniers ou des primeurs. En bocal, c'est un condiment aussi acide que les cornichons. N'ajoutez aucun autre aromate pour goûter pleinement la saveur fine du bouquet.*

# Gambas façon tikka

**Préparation**
15 minutes + 2 heures de marinade

**Cuisson**
7 minutes

**Ingrédients pour 4 personnes**
16 belles gambas crues
1 yaourt brassé (125 g)
2 gousses d'ail
1 cuillerée à café de gingembre frais râpé
1 cuillerée à café de garam masala
1/2 cuillerée à café de cumin en poudre
½ cuillerée à café de coriandre en poudre
¼ de cuillerée à café de piment fort
1 cuillerée à café de curcuma
10 brins de coriandre
Le jus de 1 citron
20 g de beurre fondu
½ cuillerée à café de sel

/ Décortiquez les gambas. Retirez le boyau dorsal.
/ Dans un saladier, mélangez le jus de citron, le sel et le curcuma. Plongez les gambas dans cette marinade et réservez.
/ Pelez, dégermez et écrasez l'ail. Lavez et ciselez finement la coriandre.
/ Dans un saladier, mélangez le yaourt avec l'ail, la coriandre ciselée, le gingembre et toutes les autres épices. Ajoutez les crevettes et le jus de citron.
/ Recouvrez de film alimentaire et réservez au réfrigérateur au moins 2 heures (vous pouvez également préparer cette marinade la veille).
/ Préchauffez le four à 180 °C (th. 6).
/ Égouttez les gambas et déposez-les dans un plat allant au four. Enfournez et laissez cuire 7 minutes en les retournant à mi-cuisson et en les arrosant de marinade et de beurre fondu. Servez-les aussitôt.

**Bon à savoir !**
*Servez ces crevettes sur un lit de salade verte, accompagnées de nans et de sauces indiennes. Si vous souhaitez obtenir des crevettes tikka « fluo » comme au restaurant, ajoutez dans la marinade quelques gouttes de colorant alimentaire orange (à défaut, un mélange de colorants rouge et jaune).*

# Brochettes de crevettes au thym

Préparation
15 minutes + 2 heures de marinade

Cuisson
5 minutes

Ingrédients pour 4 personnes
36 crevettes tropicales de taille moyenne crues
1 citron non traité
1 grosse gousse d'ail
½ cuillerée à café de paprika
10 brins de thym frais
1 cuillerée à soupe de sauce soja
1 cuillerée à café de miel d'acacia ou toutes fleurs
4 cuillerées à soupe d'huile d'olive
Sel et poivre du moulin

/ Décortiquez les crevettes et retirez le boyau dorsal.
/ Pelez, dégermez et écrasez l'ail. Effeuillez le thym.
/ Prélevez le zeste du citron et hachez-le finement. Pressez le citron pour recueillir 3 cuillerées à soupe de jus et mélangez celui-ci avec la sauce soja et l'huile d'olive. Ajoutez le miel, les zestes, le thym, l'ail et le paprika. Salez légèrement et poivrez.
/ Déposez les crevettes dans cette sauce et laissez-les mariner au moins 2 heures au réfrigérateur.
/ Égouttez les crevettes et enfilez-les trois par trois sur des piques en bambou préalablement humidifiées.
/ Passez les brochettes 5 minutes sous le gril du four ou au barbecue.
/ Servez aussitôt.

**Bon à savoir !**
*Vous pouvez accompagner les brochettes de riz basmati, parfumé avec la marinade.*

# Crevettes au curry vert thaï

**Préparation**
20 minutes

**Cuisson**
25 minutes

**Ingrédients pour 4 personnes**
20 grosses crevettes tropicales crues
8 petites aubergines rondes thaïlandaises
1 boîte de 180 g de thon au naturel
50 cl de lait de coco
40 g de pâte de curry vert
4 branches de poivre vert en grains thaï
4 feuilles de lime de Cafre
1 bouquet de coriandre
1 bouquet de basilic thaï
1 cuillerée à soupe de sauce de poisson thaïe (ou de nuoc-mam)
2 cuillerées à soupe d'huile végétale
60 g de sucre de canne en cristaux
Sel

/ Mixez finement les feuilles de coriandre avec 20 cl d'eau.
/ Décortiquez les crevettes. Retirez le boyau dorsal.
/ Égouttez le thon en réservant son eau, puis écrasez-le finement à la fourchette.
/ Ôtez le pédoncule des aubergines et coupez-les en quatre. Plongez-les dans un récipient d'eau.
/ Faites chauffer l'huile dans un wok ou une poêle et faites revenir les feuilles de lime et la pâte de curry 1 minute à feu moyen. Ajoutez le thon et mélangez à nouveau 1 minute.
/ Mouillez avec le jus de coriandre, l'eau du thon et 10 cl d'eau. Salez, puis ajoutez le sucre et les branches de poivre. Lorsque le sucre est dissous, versez le lait de coco, puis mélangez toujours sur feu moyen jusqu'à ébullition.
/ Ajoutez les aubergines égouttées et laissez cuire 7 minutes. Ajoutez alors les crevettes et la sauce, puis laissez cuire 3 minutes. Ajoutez la sauce de poisson et les feuilles de basilic. Poursuivez la cuisson 1 minute, puis servez.

**Bon à savoir !**
*Voici une recette de curry thaï authentique, intense et aromatique. Servez-le avec du riz thaïlandais parfumé ou du riz gluant. Vous pouvez vous procurer tous les ingrédients thaïs dans les épiceries asiatiques.*

# Gambas Indian style

**Préparation**
20 minutes

**Cuisson**
20 minutes

**Ingrédients pour 4 personnes**
20 gambas crues décortiquées
350 g d'épinards frais
4 tomates
200 g de pommes de terre
1 oignon
2 gousses d'ail
1 petit piment vert frais
10 feuilles de curry (en épiceries indiennes)
1 cuillerée à café de graines de cumin
1 cuillerée à café de graines de moutarde
1 cuillerée à café de gingembre frais râpé
½ cuillerée à café de curcuma
½ cuillerée à café de coriandre moulue
1 cuillerée à café de garam masala
20 g de beurre
1 cuillerée à café de sucre semoule
2 cuillerées à soupe d'huile végétale
Sel

/ Lavez les épinards, ôtez les tiges et émincez grossièrement les feuilles. Faites-les cuire dans une marmite à couvert 4 minutes à feu moyen en remuant de temps en temps. Réservez dans la marmite couverte.

/ Pelez, dégermez et hachez l'ail. Épluchez et émincez l'oignon. Épluchez les pommes de terre et coupez-les en dés de 1,5 cm. Concassez les tomates.

/ Dans une sauteuse, faites fondre le beurre sur feu doux avec 1 cuillerée à soupe d'huile. Ajoutez les graines de cumin et de moutarde. Dès qu'elles crépitent, incorporez les feuilles de curry, l'ail, l'oignon et faites suer 3 minutes. Ajoutez les pommes de terre et faites-les revenir 5 minutes en remuant régulièrement. Incorporez les tomates, le piment haché, le gingembre, le sucre, la coriandre et le curcuma. Salez et laissez cuire 5 minutes.

/ Mouillez avec 4 cuillerées à soupe d'eau, couvrez et laissez mijoter 5 minutes. Incorporez les épinards cuits. Éteignez le feu et couvrez.

/ Faites chauffer le reste d'huile dans une poêle et saisissez les gambas avec le garam masala et un peu de sel 3 minutes à feu vif.

/ Mélangez les gambas au contenu de la sauteuse et servez aussitôt.

**Bon à savoir !**
*Les plats indiens renferment toujours une multitude d'épices : tel est le secret de leurs saveurs si riches. Servez cette recette avec du riz basmati.*

# Gambas rôties mozzarella-pancetta

**Préparation**
25 minutes

**Cuisson**
8 minutes

**Ingrédients pour 4 personnes**
12 gambas crues
140 g de mozzarella fumée
18 tranches très fines de pancetta ronde
4 petites poignées de roquette
1 branche de romarin
3 pincées de piment d'Espelette
Huile d'olive pour le plat
Poivre du moulin

/ Coupez la mozzarella en 12 bâtonnets de 6 à 7 cm. Taillez-les en pointe à une extrémité.
/ Effeuillez le romarin et hachez-le très finement.
/ Décortiquez les gambas en conservant la queue. Fendez-les sur toute la longueur de l'abdomen sans percer la chair du dos. Assaisonnez l'intérieur de poivre, de piment et de romarin.
/ Posez 1 bâtonnet de mozzarella au centre, côté pointu vers la queue. Recouvrez l'extrémité de la crevette avec ½ tranche de pancetta, puis enroulez 1 tranche entière autour de la crevette en refermant celle-ci sur la mozzarella.
/ Préchauffez le four à 200 °C (th. 6-7).
/ Alignez les gambas garnies dans un plat allant au four recouvert de papier d'aluminium légèrement huilé. Enfournez et laissez cuire 8 minutes environ pour que la pancetta soit bien grillée et le fromage fondu.
/ Servez aussitôt accompagné de roquette.

**Bon à savoir !**
*Cette recette fera également merveille à l'apéritif.*

# Pâtes Singapour

**Préparation**
30 minutes + 30 minutes de trempage

**Cuisson**
15 minutes

**Ingrédients pour 4 personnes**
16 crevettes de Madagascar crues décortiquées
200 g de vermicelles de riz plats
150 g d'émincé de porc (échine ou filet)
2 œufs
1 poivron rouge émincé
4 shiitakes émincés
8 mini-épis de maïs
100 g de petits pois écossés,
1 oignon émincé
3 tiges de ciboule émincées
Quelques brins de coriandre
2 gousses d'ail hachées
8 cm de gingembre pelé et haché
1 cuillerée à café de curcuma
2 cuillerées à soupe de curry en poudre
3 cuillerées à soupe de sauce soja
3 cuillerées à soupe de sauce de poisson thaïe
2 cuillerées à soupe de vin de riz
2 cuillerées à café d'huile de sésame
3 cuillerées à soupe d'huile végétale

/ Faites tremper les vermicelles de riz dans l'eau tiède 30 minutes.

/ Faites mariner le porc avec les crevettes dans 1 cuillerée à soupe de sauce soja et 1 cuillerée à soupe de sauce de poisson.

/ Faites chauffer un wok avec 2 cuillerées à soupe d'huile végétale, puis faites dorer l'émincé de porc 3 minutes à feu moyen en remuant. Ajoutez les crevettes et faites-les sauter 2 à 3 minutes. Débarrassez les crevettes et la viande sur une assiette.

/ Faites chauffer le reste d'huile végétale dans le wok. Faites revenir l'ail et le gingembre 30 secondes à feu moyen, puis l'oignon 30 secondes. Ajoutez le poivron, le maïs et les petits pois, puis laissez cuire 1 minute. Incorporez les shiitakes et les vermicelles égouttés, puis faites-les sauter 3 à 4 minutes.

/ Délayez le curry et le curcuma dans le reste des sauces soja et de poisson, le vin de riz et 2 cuillerées à soupe d'eau. Mélangez cette sauce au contenu du wok.

/ Battez les œufs avec l'huile de sésame et versez-les dans le wok après avoir écarté les vermicelles sur le côté. Dès qu'ils coagulent, mélangez-les à la préparation.

/ Ajoutez la ciboule, les crevettes et le porc, puis remuez.

/ Servez aussitôt parsemé de feuilles de coriandre.

**Bon à savoir !**
*Vous pouvez remplacer la viande par du jambon ou des restes de rôti de porc.*

# Gambas royales rôties au sirop d'érable

Préparation
5 minutes

Cuisson
10 minutes

Ingrédients pour 4 personnes
8 gambas royales
6 cuillerées à soupe de sirop d'érable
3 pincées de piment d'Espelette
2 cuillerées à soupe de sauce soja
1 cuillerée à soupe d'huile d'olive
1 cuillerée à soupe d'huile végétale
+ un peu pour le plat
Sel et poivre du moulin

/ Préchauffez le four à 180 °C (th. 6).
/ Décortiquez les gambas en conservant la tête et la queue. Pratiquez 4 incisions transversalement sous l'abdomen pour éviter qu'elles se recroquevillent lors de la cuisson. Assaisonnez-les de sel, poivre et piment d'Espelette des deux côtés.
/ Alignez les gambas bien droites sur le ventre dans un plat allant au four huilé.
/ Dans un bol, mélangez le sirop d'érable avec la sauce soja et les huiles. Arrosez les crevettes avec la moitié de cette sauce.
/ Enfournez et laissez cuire 10 minutes en arrosant les gambas régulièrement en cours de cuisson avec le reste de sauce.
/ Servez aussitôt.

**Bon à savoir !**
*Les gambas royales sont des crevettes exotiques géantes. Ce mets d'exception demande à être accommodé le plus simplement possible pour mettre en valeur sa texture et son goût remarquables.*

# Crevettes caramélisées au miel

Préparation
15 minutes

Cuisson
10 minutes

Ingrédients pour 4 personnes
20 à 24 gambas crues
12 shiitakes moyens
200 g de pousses de soja
4 tiges de ciboule ou 2 oignons nouveaux avec le vert
1 petit piment rouge frais
1 cuillerée à café de gingembre frais râpé
Quelques feuilles de coriandre
1 cuillerée à soupe de miel d'acacia ou toutes fleurs
6 cuillerées à soupe de sauce soja
3 cuillerées à soupe d'huile végétale
Poivre du moulin

/ Décortiquez les gambas en conservant la queue. Retirez le boyau dorsal.

/ Épépinez le piment et hachez-le très finement. Émincez la ciboule. Nettoyez les shiitakes avec du papier absorbant et émincez-les. Lavez et égouttez le soja.

/ Faites chauffer 2 cuillerées à soupe d'huile dans un wok ou une poêle. Saisissez les gambas avec le piment, le miel et 3 cuillerées à café de sauce soja à feu vif sans cesser de remuer jusqu'à ce que la sauce caramélise et forme de gros bouillons. Ajoutez la ciboule, poivrez et retirez le wok du feu. Maintenez au chaud.

/ Faites chauffer le reste d'huile dans une sauteuse. Faites revenir les pousses de soja et les champignons 1 minute à feu moyen, puis ajoutez le reste de sauce soja et le gingembre. Mélangez le tout et laissez cuire 5 minutes environ jusqu'à ce que les shiitakes soient tendres. Arrêtez la cuisson.

/ Servez aussitôt les crevettes avec la coriandre et les shiitakes.

**Bon à savoir !**
*Le shiitake est un champignon asiatique au goût subtil, qui s'accommode particulièrement des saveurs sucrées-salées. Il est cultivé en France, notamment en Bretagne. Vous pouvez accompagner cette recette d'un bol de riz vapeur.*

# Crevettes frites au basilic thaï

**Préparation**
15 minutes

**Cuisson**
5 minutes

**Ingrédients pour 4 personnes**
20 grosses gambas crues
2 petits piments rouges frais
6 gousses d'ail
1 bouquet de basilic thaï
5 feuilles de lime de Cafre
2 cuillerées à soupe de farine
1 cuillerée à soupe de sauce soja
3 cuillerées à soupe de sauce d'huîtres
2 cuillerées à soupe de vin de riz
2 cuillerées à soupe d'huile végétale
1 à 2 litres d'huile de friture
2 cuillerées à soupe de sucre de canne blond
Sel et poivre du moulin

/ Décortiquez les gambas en conservant la queue. Retirez le boyau dorsal. Salez, poivrez et placez-les dans une passoire. Saupoudrez-les de farine et secouez la passoire pour retirer l'excédent.

/ Lavez, séchez et effeuillez le basilic thaï. Enroulez les feuilles de lime ensemble en cylindre et émincez-les finement. Pelez, dégermez et hachez l'ail. Épépinez les piments et hachez-les finement.

/ Dans une poêle bien chaude, faites frire l'ail 30 secondes avec l'huile. Ajoutez les piments, le sucre, les feuilles de lime, les sauces soja et d'huîtres et le vin de riz. Poivrez, ajoutez les feuilles de basilic, mélangez et retirez cette sauce du feu.

/ Faites chauffer l'huile de friture dans un grand wok ou une friteuse. Plongez-y les gambas par petites quantités et laissez-les frire 1 minute. Égouttez-les au fur et à mesure sur du papier absorbant.

/ Dégustez aussitôt les gambas avec la sauce au basilic thaï.

**Bon à savoir !**
*Il existe trois variétés de basilic en Thaïlande : le basilic thaï, le basilic sacré et le basilic citronné. C'est la première variété que vous trouverez le plus couramment en France. Sa saveur n'a rien à voir avec celle du basilic européen, mais comme lui il ne doit pas cuire et sera donc incorporé en tout dernier aux préparations.*

# Gambas sautées à l'ail et au gingembre

**Préparation**
15 minutes

**Cuisson**
4 à 5 minutes

**Ingrédients pour 4 personnes**
20 gambas crues
50 g de vermicelles de soja
3 gousses d'ail
1 morceau de gingembre de 6 cm
Feuilles de menthe et de coriandre fraîches à volonté
2 cuillerées à soupe d'huile végétale
1 à 2 litres d'huile de friture
Fleur de sel
Poivre concassé

/ Faites chauffer l'huile de friture dans un wok ou une friteuse. Jetez-y les vermicelles de soja par petits paquets : ils doivent gonfler instantanément. Égouttez-les au fur et à mesure sur du papier absorbant. Réservez.
/ Pelez et hachez finement l'ail et le gingembre. Mélangez-les et assaisonnez-en les crevettes.
/ Faites chauffer l'huile végétale dans un wok ou une poêle, puis saisissez les gambas 4 à 5 minutes à feu moyen, suivant leur calibre ; l'ail doit être doré et croustillant.
/ Parsemez les crevettes de poivre concassé et de fleur de sel.
/ Servez aussitôt avec les vermicelles frits refroidis et les herbes entières.

**Bon à savoir !**
*Les vermicelles frits n'ont pas de goût particulier mais leur consistance est surprenante. C'est pourquoi il faut les servir avec des herbes fraîches et une petite sauce aigre-douce, ou un plat relevé comme celui-ci.*

# Tempura de crevettes au thé vert et aux algues

Préparation
20 minutes

Cuisson
2 minutes par bain

Ingrédients pour 4 personnes
20 gambas crues
Huile de friture

Pour la sauce :
1 cuillerée à soupe de dashi en poudre (bouillon japonais en épiceries asiatiques)
1 cuillerée à café de gingembre frais râpé
2 cuillerées à soupe de mirin
2 cuillerées à café de sauce soja

Pour la pâte :
4 g d'algues nori en fines lamelles
1 cuillerée à café de thé vert matcha
1 jaune d'œuf
100 g de farine + un peu pour les gambas

/ Décortiquez les gambas en conservant la queue. Retirez le boyau dorsal. Pratiquez 3 ou 4 petites incisions transversalement au niveau de l'abdomen. Farinez légèrement les crevettes et réservez-les à plat.

/ Préparez la sauce : délayez le dashi dans 25 cl d'eau et portez à ébullition. Laissez bouillir 1 à 2 minutes, ajoutez tous les autres ingrédients de la sauce et éteignez le feu.

/ Préparez la pâte à tempura : mélangez la farine avec le thé vert. Dans un saladier, battez le jaune d'œuf en omelette, ajoutez 20 cl d'eau glacée puis, petit à petit, la farine au matcha. Battez légèrement l'ensemble, puis ajoutez les algues.

/ Faites chauffer l'huile de friture à 180 °C dans une friteuse ou un grand wok.

/ Saisissez une crevette par la queue, trempez-la dans la pâte et plongez-la aussitôt dans l'huile chaude. Dès qu'elle est dorée (la cuisson est très rapide) égouttez-la sur du papier absorbant. Faites ainsi frire les autres crevettes par deux ou trois.

/ Servez aussitôt les tempura avec un petit bol de sauce.

**Bon à savoir !**
*Vous devez préparer la pâte à tempura au tout dernier moment avec de l'eau bien glacée et sans trop la battre : c'est le secret de la légèreté de ces beignets japonais. N'hésitez pas à les décliner avec toutes sortes de légumes.*

# Risotto aux crevettes et au vin rouge

Préparation
20 minutes

Cuisson
1 heure

Ingrédients pour 4 personnes
20 gambas crues
350 g de riz carnaroli ou arborio
1 petit poireau coupé en rondelles
1 petite tige de céleri coupée en dés
Quelques feuilles de céleri
1 carotte coupée en morceaux
30 g de parmesan fraîchement râpé
1 gousse d'ail
2 échalotes émincées
2 pincées de piment d'Espelette
1 feuille de laurier
30 cl de vin rouge
45 g de beurre
3 cuillerées à soupe d'huile d'olive
1 cuillerée à café de sucre semoule
Sel et poivre du moulin

/ Faites chauffer 1 cuillerée à soupe d'huile d'olive dans une casserole et faites suer le poireau 5 minutes à feu doux.

/ Décortiquez les crevettes et faites revenir les carapaces et les têtes dans la casserole 5 minutes à feu vif en remuant. Baissez le feu et concassez-les. Mouillez avec le vin rouge, ajoutez le sucre et laissez frémir 3 minutes. Incorporez les feuilles de céleri, la carotte et le laurier. Versez 1,2 litre d'eau chaude. Portez à ébullition, salez, couvrez et laissez cuire 20 minutes à feu doux. Passez le bouillon au chinois.

/ Dans une cocotte, faites chauffer 25 g de beurre et le reste d'huile d'olive, puis faites suer les échalotes et le céleri 2 minutes à feu moyen. Versez le riz et remuez pendant 1 minute. Mouillez avec 1 louche de bouillon chaud et ajoutez l'ail écrasé. Dès que le liquide est absorbé, mouillez à nouveau et répétez l'opération en remuant jusqu'à épuisement du bouillon.

/ Ajoutez les crevettes et le piment. Couvrez et laissez cuire encore 2 minutes.

/ Hors du feu, incorporez le reste de beurre en morceaux et le parmesan. Poivrez et mélangez bien. Couvrez et laissez reposer quelques instants avant de servir.

**Bon à savoir !**
*Cette recette fonctionne également très bien avec des langoustines : elle s'appelle alors « risotto agli scampi... ».*

# Remerciements

Merci aux boutiques qui ont bien voulu prêter leur jolie vaisselle.

Merci à Ralph, bec fin de Loctudy, pour sa fameuse recette de bigorneaux au vieux comté, qui a inspiré notre tartine.

Merci enfin à Hugo et Léa, jeunes gourmets enthousiastes.

## Shopping :

**Sentou Galerie**
www.sentou.fr

**La Boutique Scandinave**
Tél. : 01 40 22 02 67

**Rosenthal**
www.rosenthal.de
Tél. : 01 53 34 04 44

# ... et craquez aussi pour

Édition : Barbara Sabatier et Aurélie Cazenave - Maquette : Natacha Marmouget - Relecture : Armelle et Bernard Heron
N° d'édition : M09061 - ISBN : 9782842708474
Photogravure : Alliage
Achevé d'imprimer en février 2009 par Zanardi Group – Italie
Dépôt légal : mars 2009 – Édition N°1